# 생태적 변증법

# 생태적 변증법

조홍길 지음

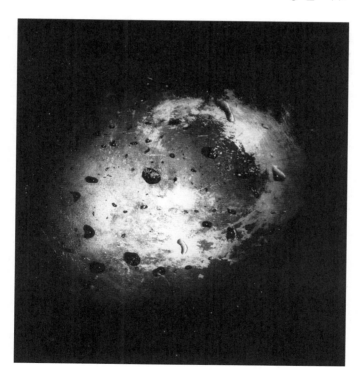

## · 들어가는 말 ·


   이제 변증법이라는 용어는 거의 사용되지 않는다. 특히 젊은이들 가운데에서는 이 용어를 아예 모르는 사람도 있을 정도다. 그리하여 변증법은 퇴물은 아니지만, 고물, 골동품 같은 개념이라고 보아도 무방하다.

   19세기와 20세기는 그야말로 변증법의 전성기였다. 숱한 사상가들과 철학자들이 변증법을 찬양하고 이용했고 다양한 변증법을 만들어내었다. 그래서 변증법은 역사와 현실을 이해하고 변혁하는 도깨비방망이 역할을 하기도 하였다. 그렇지만 유물변증법을 혁명의 무기로 과시하던 소련의 공산 진영이 20세기 말에 해체되고 뒤이어 새로운 산업의 물결이 도래함으로써 변증법에 대한 열렬한 관심은 거품처럼 꺼지고 말았다. 인공지능이 변증법의 자리를 차지하였다. 즉, 온 세상이 떠들썩하도록 변증법이 위세를 떨치다가 어느 날 갑자기 변증법은 사람들의 뇌리에서 잊히고 말았다. 그리하여 한때는 엄청난 영향력을 행사했던 변증법은 이제는 과거의 화려한 추억만 간직한 고물이나 역사적으로만 사유할 가치가 있는 골동품이 되어버렸던 셈이다.

　그러나 변증법은 이대로 사람들의 기억 속에서 잊혀서는 안 될 것이다. 왜냐하면, 변증법에는 인류가 따라야 할 중요한 사상이 함축되어 있기 때문이다. 그리고 기후위기 시대를 헤쳐 나갈 지혜를 우리가 변증법에서 찾을 수도 있기 때문이다.

　그럼, 변증법이 폐기되고 인공지능이 과연 변증법을 대체할 수 있겠는가? 이런 의문이 생기지 않을 수 없다. 그래서 Chat GPT에 물어보았다. "인공지능은 변증법적으로 사유할 수 있는가?" 이 물음에 대한 Chat GPT의 대답은 다음과 같다: "인공지능은 복잡한 알고리즘과 기계학습기술을 사용해서 데이터를 처리하고 분석할 능력이 있다. 그렇지만 인간이 사용하는 것과 같은 방식으로 사유하는 능력은 없다. 그러므로 인공지능은 변증법적으로 사유할 수 없다. 변증법적 사유는 대립하는 관념이나 관점들을 평가하고 종합하는 일에 관련되는 복합적인 인식 과정이다. 그것은 맥락, 뉘앙스 그리고 다면적 관점들에 대한 이해를 요구한다. 인공지능이 상이한 변수들을 고려하고 그것들의 상대적 중요성을 재도록 프로그램화될 수 있지만, 변증법적 사유에 필요한 창의적이고 비판적인 사유의 종류를 위한 능력은 없다. 요컨대, 인공지능은 세련된 데이터 분석을 수행하고 그러한 분석에 근거해서 예측들을 내놓을 수 있다. 그러나 그것은 인간들이 할 수 있는 것과 같은 방식으로 변증법적 사유에 관여할 수 없다."

이와 같은 물음에 Chat GPT가 아닌 인공지능은 달리 반응한다. 이런 인공지능은 지금은 기술이 부족해서 인공지능이 변증법적 사유를 할 수 없지만, 기술이 더욱 발전하면 변증법적 사유가 가능하다고 답변했다. 예컨대, 구글의 인공지능 바드(Bard)는 이 물음에 대해 인공지능이 지금 당장은 인간처럼 변증법적으로 사유할 수 없지만, 모순을 통해 사유하고 진리를 찾아 나가는 잠재력은 있다는 답변을 내놓았다.

그러니까 지금의 인공지능도 방대한 데이터에 근거해 복잡한 패턴도 인식할 수 있긴 하지만 그것은 변증법적 사유는 아직 가능하지 않다고 할 수 있을 것이다. 그러므로 변증법적 사유는 여전히 인간에게 특유한 사유라는 결론이 나온다.

언어의 차원에서 보자면 인공지능은 구문론에서는 인간보다 뛰어난 능력을 보일 수 있지만, 의미론에서는 인간보다 한참 뒤지는 셈이다. 만일 인공지능이 의미론에서 인간과 맞먹는 능력을 갖추게 된다면 그것은 인간처럼 능수능란하게 언어를 구사할 수 있을 것이다. 그러나 인공지능은 아직 이런 수준에는 도달하지 못하였다. 인공지능은 번역도 하고 통역도 하기도 하지만 인간에 도달하는 수준은 아직 아니다. 그것은 맥락이나 뉘앙스를 제대로 파악하지 못하여 엉터리 번역이나 통역이 나오는 경우가 종종 있기 때문이다.

그래서 인공지능이 앞으로 개선할 여지가 많으므로 한동안 변증법은 인간 고유의 능력으로 자리 잡을 것이 예상된다. 아니 어쩌면 인공지능이 변증법적 사유에 도달할 가능성이 없을지도 모른다. 그러나 이 문제는 바로 이 글의 주제가 아니므로 더 이상 언급하지 않겠다.

변증법이 지난 19, 20세기에 그토록 엄청난 영향력을 행사했다면 이 사실만 보더라도 변증법을 쓰레기통에 몽땅 버릴 수는 없을 것이다. 인공지능시대에 변증법이 어떤 의미를 지니는지 찬찬히 살펴보아야 할 것이다. 변증법의 추억을 되새길 게 아니라 그것이 지니는 현재 의미를 재고해 보아야 한다. 변증법에는 오늘날 우리가 간과하는 훌륭한 사상적 요소들이 많이 숨어 있을지 모르기 때문이다.

오늘날 과학기술은 눈부시게 발전했지만, 그것이 기후 온난화의 위기를 어찌하지 못하고 있고 국가 사이의, 사람 사이의 빈부 격차도 점점 더 심화되고 있다. 변증법이 이러한 문제들을 해결할 수 있다는 보장은 없다. 그러나 오늘날의 과학기술이 그런 문제들을 해결하지 못한다면 과거의 지혜에서 그 실마리를 찾아보지 않을 수 없을 것이다.

동서고금에는 다양한 변증법 사상이 있었다. 그러나 우리가 변증법 하면 제일 먼저 떠오르는 사람은 헤겔이다. 헤겔이 최초로 변증법을 체계화한 철학자이기 때문이다. 헤겔 이전에는 변증법은 신비적인 상태로 머물렀거나 부정적인 의미로 사용되는 경우가 있었다. 하지만 헤겔이 나와서 변증법을 체계적으로 해명함으로써 비로소 변증법은 적극적이고 긍정적인 의미로 사용되었다. 그는 헤라클레이토스, 제논 등의 변증법뿐만 아니라 칸트와 피히테의 변증법도 섭렵하여 『논리학』으로 체계화하였다. 그렇지만 그는 변증법이 사유의 본성이자 세계의 운동과 변화의 이론이라고 간주하였기 때문에 변증법은 적극적이고 긍정적인 의미를 넘어서 도리어 도깨비방망이 같은 것이 되고 말았다. 그래서 헤겔의 변증법 체계화는 변증법의 과도한 평가이자 해석이라는 비판을 받을 만하다. 헤겔이 변증법을 체계화했기 때문에 변증법 사상이 비로소 명확해지긴 했지만, 변증법이 도식화되는 상황이 나오기도 하였다. 바로 여기에서 변증법과 체계의 문제가 불거진다.

변증법과 체계 사이의 관계는 미심쩍다. 칸트철학에서 물 자체가 상정되지 않으면 칸트철학이 성립하지 않고 물 자체를 상정하면 칸트철학에 머무를 수 없다고 흔히 말한다. 헤겔 변증법에서 체계의 역할은 이와 유사하다. 변증법은 본래 체계화하기가 어려웠지만, 헤겔은 과감하게 체계화하였다. 그러다 보니 정 · 반 · 합이라는 도식이 이 도식에 대한 그의 강력한 비판에도 불구하고 그

의 변증법에서 나오게 되었다. 그러나 변증법은 역동적인 사유이
므로 정·반·합과 같은 기계적 도식으로는 생명력을 잃고 만다.
그런데 헤겔의 변증법 체계화는 개념의 운동을 통한 역사적 정당
화이므로 앞의 우려는 어느 정도 불식할 수 있다. 그럼에도 불구
하고 변증법에서 개념의 운동을 일으키는 부정성과 모순의 계기
를 과연 체계화할 수 있는지는 여전히 의문스럽다. 절대정신이나
절대이념의 폐쇄적 원환 체계에 갇혀 있는 부정성과 모순의 활력
은 이 체계로 말미암아 부득이하게 상당히 감퇴할 수밖에 없기 때
문이다. 변증법의 체계를 세우는 일이 변증법의 특징을 명확히 드
러내는 일이긴 하다. 하지만 체계를 강조하다 보면 변증법의 역동
성이 죽는다. 그리고 부정성과 모순의 계기를 강조하다 보면 변증
법의 폐쇄된 원환 체계는 성립하기 어렵다.

　헤겔은 헤라클레이토스와 마찬가지로 변증법을 이성(logos)의
토대 위에 두었다. 그런 점에서 그의 변증법은 이성적 변증법이라
고 부를 수 있다. 그의 변증법과 다른 변증법이 동양에서 나왔다.
자연에 근거하고 인간의 생존본능을 중시하는 변증법 사상이 동
아시아에서 나왔다. 본인은 이것을 생태적 변증법이라고 부르겠
다. 생태적 변증법은 인간의 이성에 토대를 두기보다는 자연과 생
존본능에 토대를 두는 변증법이다. 물론 철학사를 통틀어 이런 용
어는 없지만, 헤겔과는 다른 변증법 사상이라는 것을 강조하기 위

　　　　　　　　　　　　　　　　　　　生태적 변증법

해 이 용어를 사용하겠다. 이런 변증법 사상으로는 음양 사상과 용과 호랑이의 철학을 들 수 있겠다.[1] 물론 동아시아에는 변증법이라는 용어를 사용하지는 않았다. 그러나 서양의 변증법 사상에 상응하는 사상이 동아시아에서도 오랫동안 발전해왔다. 이 변증법은 천지의 기운과 몸의 기운을 소통시켜 음양의 조화와 평형을 추구하는 변증법 사상이라고 할 수 있을 것이다.

칸트, 헤겔, 마르크스를 거치면서 변증법은 여러 차례 변혁을 겪으면서도 이 노선의 변증법은 비판적 정신을 버리지 않고 견지하였다. 이러한 비판적 정신을 외면하지 않으면서도 생태적 변증법의 가능성을 타진해보는 게 이 글의 주요한 목적이다.

---

1  용과 호랑이의 철학에 관해서는 본인의 책 『용과 호랑이의 철학』을 참조하기를 바란다.

# · 목차 ·

# 변증법이란?

한때 변증법이 세상에 유행했을 때 변증법이라는 용어가 남용되어 온갖 사태나 개념에다가 변증법이라는 용어를 갖다 붙여 썼다. 예를 들어, 이론과 실천의 변증법, 사랑의 변증법, 관념변증법, 유물변증법, 변증법의 모험 등. 이처럼 변증법이란 용어를 갖다 붙이면 그럴듯하게 여기던 시절이 있었다. 그리하여 변증법을 소개하는 책들도 숱하게 쏟아져 나왔다. 그러다 보니 오히려 변증법이 무엇인지 헷갈리게 되는 지경에 이르렀다.

변증법을 체계화한 최초의 철학자는 헤겔이다. 하지만 마르크스가 헤겔의 뒤를 이어 변증법을 정치경제학에 현실적으로 적용함으로써 변증법은 단순한 논리적 차원을 넘어서 현실변혁의 의미도 띠게 되었다.

헤겔은 변증법을 형식논리학처럼 논리적 필연성에 기초한 체계로서 제시하려고 하였다. 헤겔은 『논리학』에서 변증법을 사유의 본성으로 삼아 합리화하였지만, 과연 변증법이 형식논리학과 같은 논리적 필연성에 따라 합리화가 되었는지는 의문스럽다. 형식논리학을 고수하는 학자들은 모순이나 변증법의 논리적 필연성을 부담스러워했고 심지어 러셀과 같은 철학자는 헤겔의 변증법을 터무니없는 헛소리라고 비판하여 급기야는 내쳤다. 그래서 이 글에서도 변증법을 논리학이라고 간주하기보다는 사상이라고 간주하겠다.

변증법도 형식논리학과 같이 논리적 필연성에 근거한다. 그러나 변증법은 모순을 통한 논리적 필연성에 근거해 있기 때문에 형식논리학과 같은 정도의 논리적 필연성을 띨 수는 없을 것이다.[1] 형식논리학과 변증법의 결정적인 차이는 모순을 일단 논리적으로 허용할 수 있느냐이다. 헤겔에 따르자면 존재하는 모든 것은 그 자체로 모순적일 뿐만 아니라 모순은 운동과 활력을 야기하는 원천이다. 그래서 모순을 지양하는 개념의 운동은 필연적으로 일어날 수밖

---

[1] 논리적 필연성의 예를 들어본다면, "모든 사람은 죽는다. 소크라테스는 사람이다. 그러므로 소크라테스는 죽는다."라는 논증에서 전제는 결론을 함축한다. 그래서 전제로부터 결론에 이르는 추론의 논리적 필연성은 누구나 이의 없이 인정할 수 있다. 이에 반해서 유→무→생성으로 이어지는 변증법을 간단히 고찰해보면 유(有)는 무(無)로 소멸할 수 있기 때문에 진리일 수 없고 또한 무는 유로 발생할 수 있으므로 진리일 수 없다. 따라서 유나 무만으로 생멸하는 세계를 설명하는 것은 모순적이다. 이 모순을 해소하기 위해서는 유와 무, 더 나아가서 발생과 소멸을 통일하는 새로운 개념인 생성(Becoming)의 개념이 요구된다. 따라서 진리는 유나 무가 아니라 생성이다. 이런 식으로 변증법이 전개되면 생성이라는 개념이 유나 무의 바깥에서 삽입된다는 비판이 제기될 수 있다. 그러므로 변증법의 논리적 필연성에는 논란의 여지가 있는 셈이다. 생성 변증법의 더 자세한 논의에 관해서는 조홍길, 『헤겔, 역과 화엄을 만나다』, 한국학술정보, 2013, p.42 이하를 참고하라. 그리고 헤겔 변증법의 논리적 필연성에 관한 논의는 줄리 메이비, 『헤겔의 변증법』, 김종욱 외 역, 전기가오리, 2017을 참조하라.

에 없다. 그러나 이 운동은 기호적으로 형식화될 수는 없다. 그에 반해 형식논리학에서는 모순은 p · ~p로 형식화될 수는 있다. 그러나 그것은 제거되어야 할 바이러스일 뿐이다.

헤겔은 『논리학』에서 아리스토텔레스의 전통적 형식논리학을 대체하는 변증법적 논리를 제시하려고 했지만 그건 헤겔의 과도한 욕심이었다. 변증법은 체계적으로 형식화될 수 없었기 때문이다. 변증법의 형식화 작업은 자칫하면 변증법을 기계적 도식주의로 돌리는 일이 될 수 있다. 그런 점에서 헤겔이 『정신현상학』에서 나오는 기계적 도식주의에 대한 비판, 즉 정-반-합이란 삼박자에 대한 거부와 그러한 형식화 작업은 어울릴 수 없다. 따라서 변증법은 형식논리학과 같은 논리학의 차원에서 이해되어야 할 게 아니라 사상적 차원에서 이해되는 게 좋을 듯하다. 이렇게 이해하면 동서양의 변증법이 서로 만날 수 있는 길을 우리가 찾을 수 있고 변증법의 지혜도 소생시킬 수도 있을 것이다.

변증법은 서양의 그리스로부터 유래한다. 변증법(辨證法)이란 용어도 그리스어의 **dialektikē** 변론술로부터 나왔으며 영어 **dialectic**을 번역한 것에 불과하다. 동아시아에서는 이런 용어가 아예 없었다. 그러나 앞에서 지적했듯이 변증법을 사상적인 차원에서 이해한다면 동양에도 변증법 사상이 고대로부터 존재해 왔음을 알 수 있다. 예컨대, 거의 같은 시대에 살았던 노자와 헤라클레이토스의 변증법 사상은 유사하다.[2] 이 점에 관해서는 여기서 자세히 살펴보지 않겠지만 생성의 사상과 대립의 통일이라는 변증법의 핵심 사상을 이 두 사상이 공유하고 있다.

변증법이 무엇인지에 관해 숱한 정의가 있으므로 일일이 그것을 나열하기가 힘들다. 따라서 여기서는 변증법에 관한 통속적인 정의로부터 시작해보자. 변증법은 '모순과 대립을 근본원리로 하여 사물의 운동을 설명하려고 하는 논리로서 정립·반정립·종합의 세 단계로 전개된다.'[3] 이 통속적 정의는 알기는 쉬우나 정의가 도식적이고 정확하지 못하다. 좀 더 학술적인 정의를 찾아보자. 철학 사전에서는 '사유와 존재에서 모순들을 펼쳐내고 극복하려는

---

2  이 글은 헤라클레이토스와 노자의 변증법을 비교하는 글이 아니다. 그래서 이 글에서는 그 두 변증법을 상세하게 비교하지 않을 것이다. 그래도 간단히 말하자면, 그들은 생성의 변증법 사상가들이다. 헤라클레이토스는 "올라가는 길과 내려가는 길은 동일하다"(딜스 편, 『소크라테스 이전 철학자들의 단편 선집』, 김인곤 외 역, 아카넷, 2005. p.242), "그것은 마치 활과 리라의 경우처럼, 반대로 당기는 조화이다."(앞의 책, p.237)라고 하였고 노자는 "하늘의 도는 활을 펴는 것과 같다(『도덕경』 77장'), 돌아가는 것이 도의 움직임이다(反者道之動, 『도덕경』 40장)."라고 하였다. 이 잠언들은 대립의 통일, 조화 사상을 다 같이 드러낸 것으로 보인다. 그럼에도 불구하고 헤라클레이토스는 "전쟁은 모든 것의 아버지이고, 왕이다."(딜스 편, 『소크라테스 이전 철학자들의 단편 선집』, 김인곤 외 역, 아카넷, 2005, p.249)라는 잠언과 같이 투쟁을 통한 화해와 통일을 추구하였지만, 그에 반해 노자는 "만물은 음을 등에 업고 양을 가슴에 안고 있어 우주에 가득 찬 기운이 음양의 조화를 이룬다(萬物負陰而抱陽 冲氣以爲和『도덕경』 42장)."라고 하여 투쟁보다는 평화를 중시하였다. 그리고 헤라클레이토스는 그의 변증법이 이성(logos)에 근거한다고 보았지만, 노자는 "도는 자연을 본받는다."(道法自然, 『도덕경』 25장)이라 하여 그의 변증법의 근거를 자연에 두었다. 여기서 자연은 '스스로 그러하다'라는 뜻이기도 하지만 인간이 몸담고 사는 지구 생태계를 뜻하기도 한다.

3  네이버 지식백과 두산백과 두피디아 변증법 항목

생태적 변증법

철학적 노력'⁴이라고 정의한다. 또 헤겔 사전에서는 '실재하는 대립 · 모순을 원동력으로 삼아 변화 · 발전하는 사물의 논리'⁵라고 정의한다. 변증법에 대한 통속적 정의이든 학술적 정의이든 간에 변증법은 모순과 운동에 관한 사유방식임을 강조하고 있다.

프랑크푸르트 1세대 철학자인 아도르노는 부정적 변증법의 입장에서 헤겔의『정신현상학』에 한정하여 변증법을 정의하려고 하였다. 그는 개념과 대상의 비동일성에 근거하여 변증법은 "개념적 질서에 만족하지 않고 대상들의 존재를 통해 개념적 질서를 수정하는 기술을 수행하는 사유"⁶이거나 "단순한 개념적 조작을 극복하고 사유와 사유할 때 도달되는 것 사이의 긴장을 매 단계에서 견뎌내려는 시도"⁷라고 하였다. 즉, 사유와 사태, 개념과 대상의 비동일성이 초래하는 긴장이 개념의 변증법적 운동을 유발한다는 뜻이다.

그에 따르면 헤겔 철학에서는 사유와 사태, 개념과 대상의 비동일성이 초래하는 대립과 긴장은 사유와 사태, 개념과 대상의 동

---

4  J. Hoffmeister, *Wörterbuch der philosophischen Begriffe*, Meiner Verlag, 1955, Dialektik 항목

5  加藤尚武 外,『ヘーゲル事典』, 弘文堂, 1992, p.459.

6  아도르노,『변증법 입문』, 홍승용 옮김, 세창출판사, 2015, p.19.

7  앞의 책, p.19. 뢰트는 변증법을 세 측면 즉, 존재론으로서의 변증법, 논리학과 방법으로서의 변증법, 사유가 사태에 접근하는 경험이론으로서의 변증법으로 구분하였다(W. Röd, *Dialektische Philosophie der NeuZeit* 1, C.H. Beck, 1974, p9 ff.). 그러나 이 세 측면의 변증법은 모순이 생멸 변화하는 운동의 원천이라는 원칙을 공유한다. 아도르노의 앞의 정의들은 사유가 사태에 접근하는 경험과정에 근거하므로 경험이론으로서의 변증법 정의다.

일성이라는 쪽으로 해소되지 않으면 안 된다. "이때 여러분이 부딪치는 이 최고 수준의, 즉 한편으로 변증법은 비동일성을 사유하려는 시도, 그러니까 사유로 소진되지 않는 대립적 계기들을 사유를 통해 받아들이려는 시도이지만, 다른 한편으로는 동일성 철학으로서만 즉 근본적인 의미에서 사유와 존재를 동일시하는 철학으로서만 가능하다는 이 모순이야말로 원래 헤겔식 관념변증법이 설정한 계획을 정식화해줍니다."[8] 헤겔 철학은 본래 동일성 철학이긴 하지만 동일성 못지않게 비동일성, 즉 부정성과 모순도 중시하는 양가적 태도를 보인다고 아도르노는 지적하는 셈이다.

이 글은 아도르노의 변증법 해석에 많이 의존했기 때문에 그의 헤겔 변증법 해석을 종종 이용할 것이다. 아도르노는 헤겔 변증법의 동일성과 체계를 비판하긴 하지만 그것의 *수동적 생산성*을 높이 평가하였다. 변증법에서는 사유가 미리 질서를 만들어놓고 사태를 이 질서에 끼워 맞추는 게 아니다. 오히려 사유가 사태에 온전히 자신을 맡기고 사태의 흐름에 따라가야 하므로 사유는 사태와 모순되는 사유를 끊임없이 바꾸지 않을 수 없고 생산적 작업을 떠맡지 않을 수 없다. 그런 점에서 변증법은 사유의 방법에 그치는 게 아니라 사태의 구조와 흐름을 뜻하기도 한다. 그것은 사유의 방식으로는 플라톤과 제논에 그 연원을 두지만, 사태의 흐름으

---

8  앞의 책, p.26.

생태적 변증법

로서는 헤라클레이토스에 그 연원을 둔다.

동아시아에서 변증법 사상은 변론술과는 아무런 관계가 없다. 동아시아에서는 자연의 흐름과 구조에 상응하는 변증법 사상이 대두되었다. 서양에서 논리학이 동아시아에서보다 훨씬 발달했던 것은 결코 우연이 아니다. 변론술의 요구 때문이었을 것이다. 그렇지만 동양에서는 생존하기 위해서는 자연과 몸을 제대로 파악하는 것이 급선무였다. 생존하기 위해서 『주역』, 『도덕경』, 『황제내경』 같은 변증법 사상이 발달하였다. 노장은 무위자연의 삶을 통하여 양생하려고 하였고 『주역』은 음양과 태극 사상을 통하여 인간과 자연을 파악하려고 하였으며 『황제내경』은 몸과 경락의 기흐름을 통하여 양생하려고 하였다. 이러한 시도들은 서양철학에서 보이는 개념적 조작이나 논리적 분석과는 거리가 멀다.

그럼에도 불구하고 동서양의 변증법 사상은 일맥상통하는 점들이 있을 것이다. 그것들은 부정성, 대립과 모순, 대립의 통일일 것이다. 그럼 우선 정·반·합이라는 도식과 변증법의 3계기를 간단히 살펴보겠다. 그리고 나서 다음 장에서 변증법 사상에서 동서고금이 상통할 수 있는 몇 가지 특징을 헤겔 변증법에 비추어 살펴보도록 하자.

## 1) 정 · 반 · 합이라는 도식

우리가 변증법을 거론할 때 제일 먼저 떠오르는 관념은 정립 · 반정립 · 종합이라는 도식이다. 이 도식은 우리로 하여금 변증법에 쉽게 다가서도록 해주기는 하지만 헤겔은 이런 도식을 제시한 적이 결코 없다. 그는 즉자(卽自, an sich), 대자(對自, für sich), 즉자차대자(卽自且對自, an und für sich)라는 도식을 암시하긴 했지만, 도식을 꺼려 이런 식으로 형식화하지는 않았다. "개념 자체는, 우리에 대해서 우선, 즉자적으로 존재하는 보편임은 물론이거니와 대자적으로 존재하는 부정적인 것이기도 하고 또한 즉자대자적으로 존재하는 제3차적인 것, 즉 추론의 온 계기들을 두루 거쳐나가는 보편이기도 하다."[9]

그의 학문적 체계를 대충 본다면 삼분법의 프랙탈 구조로 이루어져 있는 것처럼 보인다. 그러나 헤겔은 이 프랙탈적 구조의 형식을 학문적인 체계로 간주하지는 않았다. 다만 그가 삼위일체의 3을 선호했기 때문에 삼분법의 형식을 차용한 듯하다. "이와 마찬가지로 칸트에 의한 '삼중성 · 삼위일체'의 개념을 보면, 애초에는 그저 본능적으로 재발견되어 생성이 없는 몰개념적인 것에 지나지 않았던 것인데 새삼 여기에 절대적인 의미가 주어지면서 참다운 내용 속에 담긴 참된 형식이라고 치켜세워지고 이로부터 학

---

9  G.W.F. Hegel, *Logik* II, 1975, Felix Meiner Verlag, 1975, p.499.

문의 개념이 부상하게 되었다. 여기까지는 또 그렇다고 치더라도 이를 기회로 하여 삼위일체의 형식을 환영에나 비길 수 있는 생명 없는 도식으로 꾸며내 학문적인 체계를 한낱 일람표 정도로 전락시켜놓은 마당에 이런 삼위일체의 형식을 두고 학문적이라고 할 수는 없다."[10]

요컨대 이런 정·반·합이나, 달리 말하자면, 긍정·부정·부정의 부정이라는 삼분법적 도식[11]으로 변증법을 대체하여 사태를 이 도식에 손쉽게 끼워 맞추려는 시도는 사유의 부정성과 개념의 노동이나 노고를 내팽개치는 기계적인 작업일 뿐이라고 헤겔은 비판하였다. 그러므로 비록 이런 도식이 변증법을 쉽게 이해하는 데 도움을 줄 수 있긴 하지만 도리어 우리를 반(反)변증법적인 쪽으로 오도할 수 있을 것이다.

## 2) 변증법의 3계기

변증법의 3계기는 긍정·부정·부정의 부정이라는 3단계 도식에 상응한다. 그것은 "1. 추상적 또는 지성적 측면 2. 변증법적 또는 부정적=이성적 측면 3. 사변적 또는 긍정적=이성적 측면이

---

10  헤겔, 『정신현상학 1』, 임석진 옮김, 한길사, 2005, p.86 이하.
11  정·반·합의 3분법적 도식에 꼭 들어맞는 변증법은 유 → 무 → 생성으로 전개되는 생성의 변증법일 것이다. 생성의 변증법은 『논리학』의 서두에 나오는 변증법일 뿐이다. 그리하여 헤겔 철학에서 개념의 온 운동이 이러한 변증법에 항상 들어맞는 건 아니다.

다. 그리고 이 세 측면들은 논리학의 3부분을 구성하는 게 아니라 모든 개념 또는 모든 진리 일반인 모든 논리적=실재적인 것의 계기들이다."[12] 이 3계기는 모든 개념의 운동에 적용되는 것이지 논리학의 3부분으로 고정되지 않는다.

그리고 이 3계기는 따로따로 떨어져 고찰되어서는 안 되고 한꺼번에 고찰되어야 한다. 첫 번째 계기는 지성(Verstand)의 분별적 계기를 뜻한다. 흔히 우리가 생각하는 사려 분별이 여기에 해당한다. 그러나 이러한 사려 분별은 사유에 필수적인 것이긴 하지만 규정들의 고정된 대립에 머물고 만다. 예를 들어 그것은 유와 무, 유한과 무한을 분별하고 그것들의 대립을 인식하지만, 그것들의 대립에 고착되어 있을 뿐이다. 두 번째 계기에 들어서서야 지성적 계기의 일면성과 제한성을 탈피해서 대립자로 이행하는 개념의 운동이 일어날 수 있다. 그러나 이 두 번째 계기만 따로 떼어내면 규정들은 무로 해소되어 회의주의에 빠지게 된다. 세 번째 계기인 사변적 계기에서 비로소 대립되는 규정들의 화해와 통일이 이루어질 수 있다.

아도르노는 개념의 이러한 운동을 모순과 대립을 정면 돌파하는 시도라고 해석하여 높이 평가했다. "이에 대한 헤겔의 해법이 지닌 특이성은 …오히려 정면 돌파를 꾀했다는 점, 즉, 아주 간단

---

12  G.W.F. Hegel, *System der Philosophie*. Erster Teil. Die Logik, Friedrich Fromman Verlag, 1964, 79절.

히 말해서 세계의 화해는 객관적 모순상태의 위쪽에서의 조율을 통해서가 아니라 단지 이 모순상태를 통과하면서만 실제로 이루어질 수 있다는 생각을 펼쳐갔다는 점입니다. 이러한 성격, 즉 발전, 추진력, 궁극적으로는 또한 화해를 추구하는 것 그 자체가 세계의 분열 상태 속에, 부정적인 것 속에, 고난 속에 실제로 담겨 있는 어떤 것이라는 점이야말로 바로 현실에 대한 경험으로서 헤겔 변증법의 한 가지 기본적인 모티브입니다."[13] 예를 들어, 유와 무의 대립으로부터 생성의 개념을 끌어내고 유한과 무한의 대립으로부터 참된 무한의 개념을 끌어내었듯이. 따라서 변증법에서 개념의 운동이란 변증법의 도식에 사태를 끼워 맞추는 기계적인 작업이 아니라 개념 자체의 모순으로 말미암아 일어나는 것이며 개념의 노동과 고통이 수반되는 힘든 작업임을 알 수 있다.

---

13  헤겔, 『변증법 입문』, 홍승용 옮김, 세창출판사, 2015, p.135.

# 부정성, 대립과 모순

이 글에서 변증법의 전모를 드러내는 작업을 시도하지는 않을 것이다. 그리하여 여기서는 변증법의 특징을 잘 드러내는 부정성과 대립과 모순이란 반성규정에 관해서만 살펴보겠다.

## 1) 부정성

부정성은 아도르노가 지적하다시피 변증법적 사유의 핵심이다. 헤겔도 부정성을 변증법적 운동과 활력의 원천이라고 강조했다. 그러나 헤겔 변증법의 부정성은 단순한 것이 아니라 이중적이다. 헤겔이 강조하는 부정성은 1차적 부정에 그치는 게 아니라 이 부정을 부정하여 긍정적인 것으로 귀환하는 자기 관계적 부정성이기 때문이다. "여태까지 고찰된 부정성은 이제 개념 운동의 전환점을 이룬다. 그것은 자신에 대한 *부정적 관계의 단순한 점*, 즉 *모든 활동성의*, 생동하고 정신적인 자기 운동의 가장 내적인 원천, 모든 진리를 그 자체로 지니고 그것을 진리이게 하는 변증법적 혼이다."[1]

헤겔은 1812년의 『논리학』 1판에서는 부정성을 스피노자의 "모든 규정성은 부정이다"라는 말에 근거하여 실재성과 동일한 차원에 놓으려 했다. 부정성은 실재성에 기생하는 것도 아니고 무로 해소되는 것도 아니라 "부정은 참으로 실재하는 것이자 즉자적으로 존재하는 것이다. … 모든 철학적 이념과 사변적 사유 일반의 추상적 기초이다."[2] 그리하여 "부정은 단순히 무 일반인 것은 아니다. 오히려 반성된 것이고 즉자유와 관계되는 것이다. 그것은 어떤 것의 결여 또는 제한이며 참으로 존재하는 것으로서, 비유(非有)로서 정립된 규정성이다."[3]

그러나 이러한 단계의 부정성은 아직 정유(定有, Dasein)의 단계에 있는 1차적 부정성에 불과하다. 우리는 흔히 이 부정성을 실재적이 아니라고 여기기 쉽다. 그러나 헤겔에 따르면 이 1차적 부정성도 실재성과 같은 차원의 개념으로서 즉자적으로 존재하고 즉자유와의 관계에서 실재한다. 그렇지만 부정성은 이러한 부정성으로 끝나는 게 아니다. 그것은 자기 관계적 부정성, 즉 부정의 부정으로 나아갈 수밖에 없다. 그래서 절대이념의 단계에서는 헤겔

---

1  G.W.F, Hegel, *Wissenschaft der Logik* II, Felix Meiner Verlag, 1975, p.496.

2  G.W.F, Hegel, *Wissenschaft der Logik* I Das Sein(1812), Felix Meiner Verlag, 1986, p.88. 헤겔은 1812년에 『논리학』 제1권을 출판하였지만 죽기 전에 제1권인 「유론」을 대폭 수정하였다. 그가 갑작스럽게 죽고 나서, 1832년에 수정된 제1권은 출판되었다.

3  앞의 책, p.88.

은 부정성의 참된 의미를 부정의 부정과 관련하여 주관성이라고 밝혔다. "제2차적 부정적인 것, 즉 우리가 이제 도달한 부정적인 것의 부정적인 것은 앞에서 말한 모순의 지양이지만, 그것은 *외면적 반성의 행위*가 아니라 주체, 인격, 자유로운 것이게 하는 정신과 생명의 *가장 내적이고 객관적인 계기*이다."[4] 그리하여 헤겔은 자기 관계적 부정성, 즉 부정의 부정을 긍정적인 것, 동일적인 것으로 귀환하는 것이라고 보았다. 그래서 아도르노는 그의 부정성 개념은 철저하지 못할 뿐만 아니라 그가 형식적이라고 비판한 수학적 사고방식으로 다시 떨어진다고 비판하였다.

"부정적인 것에 대한 부정 자체가 헤겔의 경우와 같이 긍정인 것은 아니다. 헤겔에 따르면 긍정적인 것은 부정의 결과로 나와야 하는데, 그것은 그가 청년 시절에 맞서 싸운 실정성(Positivität)과 단순히 명칭만 같은 것이 아니다. 부정의 부정을 긍정성(Positivität)과 같다고 하는 것은 동일시의 정수이며, 그 순수형식으로 환원된 형식적 원칙이다. …부정의 부정은 부정을 없애는 것이 아니라 부정이 충분히 부정적이지 못했다는 점을 증명한다. …부정적인 것은 사라질 때까지 부정적이다."[5]

부정성이 변증법의 핵심이라면, 부정성이 수학적 사고에서 − × − = +인 것처럼 긍정성으로 지양되는 헤겔의 변증법은 부정성

---

4　G.W.F, Hegel, *Wissenschaft der Logik* II, Felix Meiner Verlag, 1975, p.496 이하.
5　아도르노, 『부정변증법』, 홍승용 옮김, 한길사, 2015, p.236 이하. 번역은 한 군데 고쳤다.

에 철저하지 못했다는 아도르노의 비판은 충분히 일리가 있다. 현실적으로도 부정성은 헤겔의 사변적 변증법과 달리 긍정으로 지양되기 어렵다. 우리는 그런 사례를 역사적 현실과 일상생활에서 흔히 찾아볼 수 있다. 예컨대, 21세기 들어서 벌어지고 있는 이스라엘과 팔레스타인의 분쟁은 끝없는 보복의 악순환일 뿐이다.

## 2) 대립과 모순

서양철학을 대체로 본다면 이상하게도 동일성을 향한 집착이 강력함을 쉽사리 알 수 있다. 이는 논리적 자기 동일성을 철칙과 같이 고수하는 서양철학의 흐름을 보면 인정하지 않을 수 없다. 그리고 'A는 A다'라는 명제로 표현될 수 있는 논리적 자기 동일성은 또한 '나는 나다'라고 표현할 수 있는 자아의 통일성으로 바꿔 표현될 수도 있을 것이다. 그런데 이러한 자기 동일성과 자아의 통일성을 정당화하는 서양철학 흐름의 정점에 헤겔의 철학이 자리 잡고 있다.

'A는 A다'라는 동일률을 헤겔은 전통적 형식논리학과는 달리 해석한다. 그는 이 동일률에서 동일성만 확인하지 않고 차이도 본다. 이 동일률은 동일성과 차이는 다르다는 의미를 함축하기 때문에 동일성은 차이를 품고 있다고 그는 해석하였다. 바로 그런 점에서 우리는 동일성은 자신의 부정인 차이 없이는 사유할 수 없고 차이도 자신의 부정인 동일성 없이는 사유할 수 없다고 그는 보았다.

그렇다면 동일성과 차이, 즉 비동일성은 서로 대립하는 셈이다. 그런데 여기서 헤겔은 동일성과 차이의 이러한 대립을 모순이라는 논리적 형태로 단순화한다. 『논리학』에서 개념의 운동은 동일성에서 출발하여 대립을 거쳐 모순으로 나아가기 때문이다. 대립은 긍정적인 것(동일성)과 부정적인 것(차이)의 두 계기가 자석의 남극과 북극처럼 서로 맞서면서도 양립하는 관계이다. 그러나 이 긍정적인 것과 부정적인 것은 자립적이면서 동시에 자립적이지 않은 관계에 들어서게 되어 모순에 빠지게 된다. 그럼으로써 차이의 다양성은 대립을 거쳐 모순으로 단순화되고 모순도 근거로 몰락함으로써 동일성으로 지양되는 개념의 운동이 일어나게 된다. 이런 점에서 헤겔의 "변증법은 모든 것을 닥치는 대로 모순이라는 단순한 논리적 형태에 맞추며, 이로써 … 대립이지 않은 것, 단순히 상이한 것의 풍부한 다양성을 제거한다"[6]라는 반론이 그것에 제기될 수 있다.

헤겔의 변증법은 동일성의 철학이다. 그는 서양철학에 암암리에 잠재해 있던 동일성의 꿈을 변증법적 모순의 지양을 통해 정당화하려고 하였다. 그러나 아도르노가 지적하였다시피 헤겔의 변증법은 동일성을 궁극적으로 지향함에도 불구하고 비동일성에 근

---

6 앞의 책, p.58. 헤겔은 차이를 대립으로 해석하여 모순의 지양을 통해 차이를 동일화한다고 아도르노는 비판하였다. 데리다도 차이가 대립으로 환원되지 않는 différence라는 용어를 개발하였다.

거하고 있다. "모순은 동일성의 관점에서 본 비동일자다. … 변증법은 비동일성에 대한 일관된 의식이다."[7] 아도르노의 이러한 지적은 헤겔의 동일성 철학에서 비동일성의 자리를 찾아주려는 시도라고도 할 수 있을 것이다.

그의 지적대로 헤겔이 추구하는 주체와 객체가 통일되고 개념과 실재가 일치하는 절대이념의 동일성 왕국은 실증적 환상에 불과할는지 모른다. 그러나 비동일자는 동일성 쪽으로 부단하게 움직여 나갈 수밖에 없지 않은가. 사유가 사태에 적합하고 개념이 실재와 일치하려는 운동은 남녀가 하나가 되려는 것과 같이 사유의 자연스러운 본능이 아닐까.

그런 맥락에서 차이와 불화를 외면하지 않으면서도 대립의 통일, 화해를 지향하는 헤겔의 변증법은 오늘날에도 의미가 있는 작업이 아닌가 생각된다. 그럼에도 불구하고 그의 동일성 철학에 나타나는 동일화의 폭력은 경계하여야 할 것이다.

---

7  앞의 책, p.58.

생태적 변증법

# '자연지배'라는 문제

서양철학이나 서양문명의 역사에서 자연은 대체로 지배와 정복의 대상이었다. 기독교의 구약성서에는 지상의 만물을 지배하라는 신의 말씀이 나오고 희랍철학에서도 자연은 인간이 이성을 통하여 지배해야 할 대상이었다. 그러다가 계몽의 시대에 접어들면 프랜시스 베이컨과 르네 데카르트에 의해 자연지배가 명확하게 철학적으로 공식화되었다.

물론 그들이 철학적 학파로서는 달랐지만 - 베이컨은 경험론자였고 데카르트는 합리론자였다 - 자연지배에는 똑같은 신념을 지녔다. 즉, 인간이 자연의 주인이 되어야 한다는 그들의 신념은 똑같았다. 베이컨은 아리스토텔레스의 『오르가논』에 맞서 『신기관(novum organum)』을 저술했고 이 책에서 그는 자연법칙을 실험과 관찰의 귀납적 방법을 통해 알아내어 자연을 지배할 것을 권하였다. "우리는 말로만 자연을 지배할 뿐 자연의 강압 밑에서 신음하고 있다. 그렇지만 우리가 자연의 인도를 받아 발명에 전념한다면 우리는 실제로 자연 위에 군림할 수 있다."[1] 그리고 데카르트는 자연학의 일반적 원리를 알아내어 "이것에 의하여 우리가 물 · 불 · 공기 · 별 · 하늘 및 우리를 둘러싸고 있는 다른 물체들의 힘과 작용을 마치 우리가 장인들의 갖가지 재주를 알고서, 장인들처럼 이것들을 모든 적절한 용도에 사용하고, 그리하여 마치 우리를 자연의 주인이요 소유자가 되게 할 수 있다."[2]라고 주장했다. 이렇듯 서양에서 자연지배는 계몽의 시대를 경유하면서 확고해졌다.

물론 서양에서도 자연지배라는 계몽의 기획에 저항하는 낭만주의 같은 사상적 흐름이 있었으나 자연을 탈마법화하려는 계몽의 대세를 막을 수는 없었다. 이 자연지배라는 계몽의 줄기찬 기획을 정면으로 비판한 사상적 흐름이 20세기 중반에야 서양에서 겨우 나왔다. 그것은 프랑크푸르트학파의 비판이론이었다.

프랑크푸르트학파의 호르크하이머와 아도르노는 서양철학사에서 드물게 자연지배라는 계몽의 기획을 전면적으로 문제시하였고 계몽을 야만에 이르는 또 다른 길이라고 비판하였다. 이들 가운데 아도르노는 부정적 변증법의 입장에서 자연지배를 동일성철학과 함께 문제시하였다. "자연을 파괴함으로써 자연의 강압을 분쇄하려는 모든 시도는 단지 더욱 깊이 자연의 강압 속으로 빠져

---

1   호르크하이머 & 아도르노, 『계몽의 변증법』, 김유동 옮김, 문학과 지성사, 2001, p.37에서 재인용
2   데카르트, 『방법서설』, 최명관 옮김, 창, 2010, p.123.

들어 갔다. 이것이 유럽 문명이 달려온 궤도이다."³

　오늘날 우리는 경제적 풍요와 산업의 발전을 위해 자연을 지배함으로써 그것을 이용하고 착취한 결과 도리어 기후 온난화라는 전대미문의 엄청난 위기를 겪고 있다. 그들의 말을 빌리자면 이러한 위기는 계몽이 자초한 재앙이라고 할 수 있을 것이다.

　오늘날의 눈부신 과학기술의 발전에도 불구하고 우리는 기후 온난화의 위기를 극복하기 어려워졌다. 유감스럽게도 그들의 계몽 비판과 같이 세상은 흘러가고 있다. "진보적 사유라는 가장 포괄적 의미에서 계몽은 예로부터 인간에게서 공포를 몰아내고 인간을 주인으로 세운다는 목표를 추구해 왔다. 그러나 완전히 계몽된 지구에는 재앙만이 승리를 구가하고 있다."⁴ 그리하여 인간이 지구의 주인이 될 수 있다는, 더 나아가서 우주의 주인이 될 수 있다는 터무니없이 오만한 망상이 계몽에, 아니 서양문명에 뿌리박고 있음을 우리는 그들의 계몽 비판에서 쉽사리 알아볼 수 있을 것이다.

---

3　호르크하이머 & 아도르노, 『계몽의 변증법』, 김유동 옮김, 문학과 지성사, 2001, p.37. 『부정적 변증법 강의』의 녹취록 편집자는 아도르노가 초기부터 자연지배를 문제시하였다고 지적하였다. "아도르노의 철학에서 거의 초기부터 … **자연지배와 자연을 지배하는 이성에 대한 비판의 모티브 그리고 자연과의 화해, 일종의 자연계기로서 정신의 자기의식 모티브**가 결정적이다. 그의 철학에서 자연지배는 계몽의 변증법을 일으키는 근본 현상이다. … 자연을 지배함으로써 자연의 지배를 단절시키는 듯 보이지만, 그러나 자연이 단절되도록 함으로써 자연 강제를 단절시키는 모든 시도는 그럴수록 더 자연 강제에 빠져들 뿐이다."(아도르노, 『부정변증법 강의』, 이순예 옮김, 세창출판사, 2012, p.25 주15).

4　호르크하이머 & 아도르노, 『계몽의 변증법』, 김유동 옮김, 문학과 지성사, 2001, p.21.

그들은『계몽의 변증법』에서 단순히 계몽의 기획만을 비판하려는 건 아니었다. 자연지배라는 계몽의 기획은 서양문명에 암암리에 줄기차게 내재해 있었으며 단지 계몽의 과정을 통해서 자연지배가 파괴적인 힘을 드러내게 되었음을 그들은 폭로한 것이었다. 비록 그들의 계몽 비판이 자연과 인간의 조화와 자연에 순응하는 삶을 지향했던 동아시아의 철학과는 거리가 멀다고 하더라도 자연지배를 거부하고 비판했다는 점에서 동아시아철학과 일맥상통하는 바가 있을 것이다. 그런데 서양 제국주의의 총과 대포에 굴복하여 식민지의 고통을 겪은 동양의 여러 나라들이 계몽이 또 다른 야만의 길인 줄 모르고 이미 파탄이 난 서양의 계몽을 따라잡으려고 안달하니 우려스러울 뿐이다.

더군다나 그들이 제2차 세계대전의 암울한 시대에 자연지배의 위험을 감지하고 문명의 전환이 필요함을 암시했다는 점에서도 그들의 계몽 비판이 기후 온난화의 시대에 더욱 유효하다고 할 수 있을 것이다. 그런 맥락에서 그들이 도구적 이성의 비판에 매몰되어 의사소통적 합리성을 간과했다는 하버마스의 비판은 정당하지 못하다고 할 수 있을 것이다. 왜냐하면, 하버마스의 의사소통적 합리성은 자연지배라는 문제의식이 아예 결여되어 있기 때문이다.[5]

---

5  프랑크푸르트학파는 1923년에 호르크하이머가 프랑크푸르트대학에서 세운 사회연구소로부터 출발한다. 이 학파의 주요 사상가는 호르크하이머와 아도르노의 1세대, 하버마스의 2세대, 호네트의 3세대로 전개된다. 호르크하이머와 아도르노는 도구적 이성이 물화나 전체주의 등의 사회병리현상을 낳았다고 간주하여 계몽의 기획을 거부하고 도구적 이

그리하여 자연지배라는 문제의식을 다시 살려내야 하지 않을까 본인은 생각한다.

헤겔의 변증법과 같은 서양의 변증법도 역시 자연지배라는 계몽의 기획에 얽매여 있다. 그러므로 우리는 서양의 변증법과는 다른 생태적 변증법의 가능성을 찾아보아야 할 것이다. 헤겔은 자연과 정신의 통일을 지향하고 정신을 제2의 자연이라고 불렀지만, 자연에 맞서는 인간의 투쟁과 자연을 정복하려는 정신에 여전히 초점을 두기 때문이다.

프랑크푸르트학파의 아도르노는 특히 그가 일찍이 착안했던 자연지배에 대한 비판을 베이컨을 넘어 마르크스에게까지 확대하였다. 본래 프랑크푸르트학파의 비판이론은 효율성과 유용성을 추구하는 실증적이고 도구적인 계몽의 이성을 비판하고 이성의 부정성을 회복시킴으로써 정신의 자유와 개인의 자율성을 옹호하려고 했다. 그리하여 아도르노는 자본주의사회의 물화를 비판했을 뿐만 아니라 동시에 그가 공산당의 지령에 따라 움직이는 '기

---

성을 비판하였다. 그러나 하버마스는 그들의 도구적 이성 비판이 계몽과 이성 자체의 부정으로 이어질 수 있다고 비판하고, '언어적 전회'를 꾀하여 의사소통행위이론을 수립함으로써 계몽의 기획을 살리고 사회병리현상을 치유하려고 하였다. 그리고 호네트는 하버마스의 의사소통행위를 인정이론의 틀 안에서 재구성하려고 하였다. 특히 그는 1세대의 계몽 비판이 문명화 과정 전체를 사회병리현상으로 몰아세우는 강박에 빠져 있다고 비판하였다. 그러나 그의 비판은 하버마스와 같이 자연지배라는 문제의식이 결여되어 있을 뿐만 아니라 서양 중심적이다. 오늘날의 절박한 기후 온난화 위기와 생태계의 파괴를 놓고 본다면 누구의 생각이 옳은가는 쉽사리 판단할 수 있을 것이다.

관원들의 이데올로기'라고 부른 마르크스주의까지 싸잡아 비판하였다.[6]

특히 그는 마르크스가 계몽의 유산인 자연지배 원칙을 순진하게 받아들였다고 지적하면서 마르크스를 다음과 같이 비판하였다. "마르크스의 구상에 따르면 인간들 사이의 지배 관계에서는 정말로 무엇인가가 변하지만, -변해야만 합니다. 즉 지배 관계들이 사라져야 한다는 것이지요- 하지만 자연에 대한 인간의 무조건적인 지배는 이 변화와 무관하게 남습니다."[7] 이 말은 완전히 해방된 공산주의 사회에도 지배 관계가 청산되지 못하여 도리어 자연지배에 얽매여 있다는 뜻이다.

---

6  물화(Verdinglichung)란 개념은 루카치가 마르크스의 『자본론』에서 따온 개념으로서 자본주의사회에서 인간과 인간 사이의 관계가 사물과 사물 사이의 관계로 나타나는 현상을 가리킨다. 그는 『역사와 계급의식』에서 이 개념을 공식화했다. 아도르노는 마르크스주의의 폭력혁명을 거부하고 공산당 독재와 전체주의를 격렬하게 비판하였지만, 마르크스주의의 이 개념은 전폭적으로 받아들였다. 그는 이 개념에 근거해서 자본주의사회의 병폐를 폭로하고 자본주의사회의 문화산업이 대중을 기만하고 있다고 비판했다.

7  아도르노, 『부정변증법 강의』, 이순예 옮김, 세창출판사, 2012, p.130. 이와 비슷한 견해를 본인은 『기술과 만남』에서 피력한 적이 있다. 조홍길, 『기술과 만남』, 한국학술정보, 2020, p.39 이하를 참조하라.

생태적 변증법

# 이성적 변증법과
# 생태적 변증법

앞에서 언급했다시피 동양에는 변증법이란 용어는 전혀 없었다. 그럼에도 불구하고 동서양에는 유사한 변증법 사상이 있었다. 앞에서 언급했듯이 변증법과 노자의 변증법은 유사하다. 그러나 동서양의 변증법은 서로 다른 특색도 보여준다. 헤라클레이토스로부터 헤겔로 이어지는 서양의 변증법은 이성(logos)을 중심에 두지만, 동양의 변증법은 자연에 근거한다. 그리고 서양의 변증법이 조화와 화해보다는 투쟁을 강조하기 때문에 공격적이다. 그 반면에 동양의 변증법은 자연을 중시하기 때문에 자연과 인간의 조화를 강조한다. 그래서 본인은 여기서 서양의 변증법을 이성적 변증법으로, 동양의 변증법을 생태적(본능적) 변증법으로 구분하기로 하였다.

## 1) 이성적 변증법과 헤겔의 변증법

변증법을 체계화한 헤겔은 이성을 중시하고 최고의 사유능력으로 삼았다. 이와는 반대로, 그가 한편으로는 칭송하였지만 다른 한편으로는 비판하였던 칸트는 이성의 능력을 의심스러워했고 그 한계를 설정하려고 하였다. 칸트에 따르면, 무한한 절대자인 신이나 물 자체는 경험적으로 주어지지 않는 초감성적 대상이므로 그것들에 대한 이성적 인식은 불가능하였다. 그는 그것들에 대한 인식은 이성의 권한을 넘어서는 것으로 생각했다. 그래서 이성(Vernunft)은 지성(Verstand)의 분별과 대립을 넘어서긴 하지만 그 때문에 규제적 이념에 그치고 말았다. 지성의 분별과 대립을 넘어선 이성은 실재에 도달할 수 있다고 여기겠지만 그것은 우리의 착각이라고 칸트는 여겼다. 왜냐하면, 우리의 인식은 경험적 데이터에 근거하고 있고 이성의 절대자 인식은 데이터 결여로 말미암아 가능한 일이 아니기 때문이다.

이와는 달리 헤겔은 칸트의 그런 겸손한 생각을 물리치고 우리가 지성의 한계와 제약성을 돌파하여 절대자는 물론 물 자체도 우리가 이성적으로 인식할 수 있다고 여겼다. 그는 우리의 정신이 이성적인 만큼 세계도 이성적이고 이성이 세계에 고유한 내밀한 본성이라고 보았기 때문이다.

특히 헤겔은 역사적 현실도 이성적으로 해석하려고 하였다. 그에 따르면 이성이 세계를 움직이는 중심이므로 정신뿐만 아니라 현실적 세계도 이성적으로 움직일 수밖에 없다. "이때 철학이 동반하는 유일한 사상이란 이성이 세계를 지배한다는 것, 따라서 세계사에서도 역시 사태는 이성적으로 진행되어 왔다고 하는 이성에 관한, 이성이 지니는 단순한 사상이다."[1] 그래서 이성의 힘은 현실에 대해 막강하다. "철학에서는 이성이 … 실체이며 또한 힘일 뿐만 아니라 그 자체가 모든 자연적 내지 정신적 활력을 자아내는 무한의 소재이며 또한 무한의 형식이어서 … 다시 말하면 이성이란 바로 그 자체를 통하여, 그리고 그 속에서 모든 현실이 스스로의 존재와 존립을 보장받는 실체이다."[2]

이에 반해 칸트철학에서는 이성의 능력이란 보잘것없다. 칸트는 경험을 넘어선 대상인 초감성적 대상을 인식하는 변증법[3]을 가상의 논리라고 비판하였을 뿐이다. 그래서 칸트철학은 헤겔이 보기에는 유한과 무한의 대립을 고수하는 지성(Verstand)의 입장에서 벗어나지 못한다. 그러나 헤겔 철학에서는 이성은 정신의 실체이자 사유의 최고 단계이므로 지성의 사려 분별을 뛰어넘어 지성의 대립과 분열을 극복하고 통일하는 힘을 지닌다. 즉, 지성은 규정하고 대립을 고정한다. 그러나 지성의 고정된 규정성은 그대로 머물수 없다. "바로 이러한 극점에 이르러서야 지성의 규정성은 자신을 해소시키면서 대립자로 이행할 수 있는 능력을 보유한다. 따라

---

1  헤겔, 『역사 속의 이성』, 임석진 역, 지식산업사, 1992, p.49.
2  앞의 책, P.49. 플라톤으로부터 헤겔로 이어지는 서양의 로고스 중심주의는 오늘날 뇌과학에서는 더 이상 받아들여지지 않는다. 뇌과학자 리사는 이성이 본능과 감정을 통제한다는 삼위일체 가설은 가장 성공적인 뇌과학의 오류라고 비판했다. 리사 펠드먼 배럿, 『이토록 뜻밖의 뇌과학』, 더퀘스트, 2021, p.35 이하를 참고하라.
3  칸트는 이 변증법을 선험적 변증론(die transzendentalen Dialektik)이라고 불렀다. 하지만 칸트의 Dialektik은 소극적 부정적이었기 때문에 보통 변증론으로 번역한다.

서 그 무엇이든 간에 어떤 것이 이를 수 있는 최고의 성숙함과 단계는 그것의 몰락이 시작되는 지점이다."[4] 그리하여 이성은 지성이 고정시킨 규정성을 유동화함으로써 지성의 제약성을 극복하여 대립을 해소하고 통일할 능력이 있다.

헤겔이 이성에 부여하는 이런 엄청난 힘은 정신에 의한 자연의 폭력적 지배로 이어질 수 있다. 그래서 헤겔의 변증법은 생태적 변증법이 될 수 없다. 아도르노는 생산력의 해방과 관련하여 이 점을 날카롭게 지적하였다. "자연을 지배하는 정신의 행위인 생산력 해방은 자연에 대한 폭력적 지배와 친화성을 지닌다. 일시적으로 이 지배는 후퇴할 수 있지만, 그것을 생산력의 해방과 떼어서 생각할 수는 없으며, 특히 해방된 생산력과는 더욱이 떼어서 생각할 수 없다."[5] 이런 맥락에서 생산력의 해방을 추구하는 마르크스주의도 당연히 생태적 변증법이라고 할 수 없을 것이다.

## 2) 생태적 변증법과 음양의 변증법

동아시아의 『주역』, 『도덕경』, 『황제내경』 등에서도 변증법 사상이 잘 드러나 있다. 그러나 이 변증법 사상은 서양의 변증법과는 달리 이성을 부정하지도 않지만, 이성에 근거하는 것도 아니다. 이성적 변증법은 자연과 싸워 자연을 지배하고 정복함으로써

---

4  G.W.F. Hegel, *Wissenschaft der Logik* II, Felix Meiner Verlag, 1975, p.252.

5  아도르노, 『부정변증법』, 홍승용 옮김, 한길사, 1999, p.404.

이성에 근거하여 자연과 인간의 통일을 추구하려는 변증법이다. 이에 반해 동아시아 변증법은 생존본능을 중시하여 자연에 생태적으로 접근하려는 변증법이다. 그리고 그것은 인간이 자연에 순응함으로써 인간과 자연의 조화를 추구한다. 더 나아가서 동아시아 변증법의 밑바탕에는 자연을 사랑하고 생명을 존중하는 사상이 깔려있다. 이러한 변증법에서는 자연을 훼손하고 생태계를 파괴하는 일은 없을 것이다. 그러나 그런 점이 동아시아에서 과학기술의 발전은 저지하였을 것이다. 그렇지만 그것은 자연의 생태계를 유지하는 데에는 좋은 사상이라고 할 수 있다. 이런 변증법에는 음양의 변증법이 있다.

다음과 같은 태극도는 음양의 변증법을 압축적으로 드러내고 있다.

음양이란 우주의 원기(元氣)인 태극에서 갈라져 나온 두 가지 힘(二氣)이자 만물을 구성하는 두 가지 기본적인 요소이다. 앞의

태극도에서 음양을 가르는 선이 직선이 아니라 나선형인 까닭은 무엇일까? 음양의 기운이 역동적으로 서로 힘을 겨루어 회전대칭, 즉 평형을 이루기 때문이다. 그래서 『주역』에서는 "한번 음하고 한번 양하는 것을 일컬어 도라 한다(一陰一陽之爲道)"[6]라고 하였다. 이 세상 만물은 음 아니면 양이고 양 아니면 음이다. 그리고 사물 자체에서도 음양이 서로 나뉜다. 예컨대, 사람의 경우 여자는 음이 되고 남자는 양이 된다. 그리고 사람의 몸통에서 등은 양이 되고 배는 음이 된다. 그런데 순음과 순양은 현실적으로 존재할 수 없다. 음과 양은 상대적으로 존립하며 서로 대립하면서 의존하고 제약하기 때문이다. 그리하여 음 안에 양이 있고 양 안에 음이 있어서 음이 극하면 양으로 되고 양이 극하면 음으로 될 수 있는, 즉 물극필반(物極必反)이 될 수 있는 셈이다.

헤겔적으로 말하자면, 존재하는 모든 것은 음이 있으면 양이 있고 양이 있으면 음이 있다. 그리고 음은 양의 부정이고 양은 음의 부정이다. 그런데 음은 양을 품고 있고 양은 음을 품고 있다. 따라서 음양은 각기 자신 안에 자신의 부정을 품고 있는 셈이다. 음양은 각기 부정적으로 자신과 관계하고 만사 만물은 음 아니면 양이기 때문에 존재하는 모든 것은 그 자체로 모순적이라고 할 수 있을 것이다. 그리고 극즉필반(極則必反)에 따라 음양은 각기 자신의 대립자인 음양으로 전환할 수 있다. 그리하여 존재하는 모든 것은 부

---

6 『주역』「계사전」

정적인 자기 관계로 말미암아 생멸변화의 운동을 하지 않을 수 없다. 이런 맥락에서 음양의 변증법은 헤겔의 이성적 변증법과 유사한 것 같다. 그러나 그것은 이성에 근거하는 게 아니라 자연을 따를 뿐이다.

오행(五行)은 물, 불, 나무, 쇠, 흙(水火木金土)을 가리킨다. 그것은 음양과 더불어 자연을 움직이는 다섯 가지 작용이자 요소다.[7] 음양으로만 자연을 설명하려는 것은 너무 단조로우므로 오행을 추가했을 것이다. 그러나 자연의 운행을 다섯 가지로 나눌 합리적 근거는 없다. 그리하여 오늘날에는 보통 음양까지는 받아들이지만, 오행은 미신적 사유로 간주되곤 한다.

음양의 상호의존과 상호제약은 오행의 상생과 상극에서도 그대로 적용된다. 오행의 상생이란 木→火→土→金→水의 관계를 말한다. 나무는 불을 낳고 불은 흙을 낳고 흙은 쇠를 낳고 쇠는 물을 낳는다는 것이다. 오행의 상극이란 물이 불을 이기고 흙이 물을 이기고 나무가 흙을 이기고 불이 쇠를 이기고 쇠가 목을 이기는 관계를 뜻한다. 그런데 오행의 상생과 상극도 음양과 같이 상호의존하고 상호제약한다. 따라서 상생이 없으면 상극도 없고 상극이 없으면 상생도 없다. 동시에 상생 안에 상극이 있고 상극 안

---

7  "우리는 오행을 정태적으로 이해할 것이 아니라, 역동적이며, 우주 간에 상호작용하는 힘으로서 생각해야 한다. 한문의 「行」자는 運行, 또는 작용을 뜻하므로 오행이란 문자 그대로 번역하면 「다섯 가지 운행」이며 오행을 一名 五德이라고도 한다."(풍우란, 『중국철학사』, 정인재 역, 형설출판사, 1977, p.185.)

에 상생이 있다. 음양오행 사상에서는 상생과 상극이 있음으로써 비로소 자연의 평형이 이루어질 수 있다.

태극도에서 보듯이 음양은 서로 평형을 이루고 있다. 이처럼 오행의 상생과 상극도 팽팽한 긴장을 이루면서 평형을 이루는 셈이다. 자연의 이치가 평형을 추구하듯이 음양오행도 평형을 추구한다. "오운의 다스림은 저울질과 같다. 높은 것은 눌러주고 아래에 있는 것은 들어주며 변화하는 것은 응해주고 변해버린 것은 회복시킨다. (夫五運之政, 猶權衡也, 高者抑之, 下者擧之, 化者應之, 變者復之)"[8]

인간이 자연을 지배하여 이용하려는 서양의 변증법과는 달리 음양의 변증법에서는 인간이 자연에 순응하는 삶을 추구하고 음양의 조화와 평형을 지향함으로써 인간과 자연의 상생을 찾아 나가는 삶을 구현하려고 한다. 그래서 우리는 그것을 생태적 변증법이라고 하지 않을 수 없을 것이다. 다만 음양오행 사상에서 나타난 미신적 요소는 비판적으로 지양되어야 할 것이다.

그런 맥락에서 생태적 변증법은 생태적 삶을 회복하기 위한 주

---

8  『황제내경소문』, 「기교변대론(氣交變大論)」. 이 구절은 몸의 생리적 원리, 작용을 드러낸 말이다. 『도덕경』 77장에도 이와 비슷한 구절이 나온다. "하늘의 도는 활을 펴는 것 같다. 높은 것은 내리누르고 낮은 것은 들어 올린다. 남는 것은 덜고 부족한 것은 보탠다. (天之道 其猶張弓與 高者抑之 下者擧之 有餘者損之 不足者補之)" 예컨대, 의사는 고혈압 환자에게 운동을 권한다. 그가 운동을 한다면 일시적으로 혈압이 급격하게 올라간다. 그러나 혈압이 급격하게 올라가면 생리적으로 평형을 유지하기 위해 혈압을 내리려는 강력한 생리적 반작용이 나타난다. 그리하여 결국 혈압이 운동 이전보다 더 떨어질 수 있을 것이다. 따라서 운동은 이러한 변증법을 통하여 고혈압 환자에게 혈압을 떨어뜨리는 데 도움을 줄 수 있다.

생태적 변증법

요한 계기가 될 수 있다. 따라서 계몽의 변증법 이후 최악의 위기에 처한 인간들은 이러한 생태적 변증법을 통하여 생태적 삶을 회복함으로써 이러한 위기를 극복해 나갈 실마리를 잡을 수 있을 것이다. 지구적 차원에서 이렇게 생태적 삶이 회복될 수 있다면 우리는 기후 온난화의 위기를 벗어나 인간과 자연이 상생하는 시대를 만들어나갈 수 있지 않을까.

　오늘날 인류는 과학기술이 부족해서 홍수, 가뭄, 폭염, 혹한 등의 재앙을 겪는 게 아니라 과학기술이 과도하여 자연의 운행에 무리하게 개입함으로써 재앙을 겪고 있는 셈이다. 그것도 계몽의 혜택을 받지 못한 나라의 사람들이 더 큰 고통을 받고 있다. 그렇지만 우리 인류는 이 엄청난 재앙을 피할 수 있는 역량을 여전히 지니고 있다. 그리고 자연은 우리가 놀랄 정도로 강력한 회복력을 지니고 있음을 우리는 알아야 한다.[9] 그럼에도 불구하고 인류는 왜 이러한 재앙에서 벗어나지 못하는 걸까? 욕망의 블랙홀에 갇혀 생태적 삶에 눈을 감고 있기 때문일 것이다.

---

9　미국의 옐로스톤 국립공원 사례는 자연의 이런 힘을 잘 보여주고 있다. 옐로스톤 국립공원은 풍경이 아름다워 미국에서 손꼽히는 곳이었다. 그러나 1900년대에 이 국립공원 근처의 목축업과 사슴을 보호하기 위해서 사람들은 늑대들을 없애버렸다. 그랬더니 의외로 토양이 침식되어 숲이 황폐해졌다. 사슴들이 늘어나 풀을 마구 뜯어먹었기 때문이었다. 숲이 황폐해지자 계곡에 흐르던 물도 끊기고 새들도 사라졌다. 그래서 공원 관리공단에서 14마리의 늑대를 풀어놓았더니 사슴들의 개체 수가 줄어들어 토양의 침식이 저절로 그치고 놀랍게도 숲은 이전처럼 복원되었다. 이 사례는 인간의 간섭이 자연 생태계의 균형을 깨뜨릴 수 있지만, 인간의 간섭이 없으면 자연은 스스로 생태계의 균형을 찾아 나가는 힘을 지니고 있음을 보여주는 대표적인 사례이다.

## · 나가는 말 ·

오늘날 지구촌은 진퇴양난의 기로에 들어선 것 같다. 한편으로는 기후 온난화[1]의 재앙으로 고통을 겪고 있고 다른 한편으로는 생존을 위해서 기후위기를 악화시킬 수 있는 산업 활동과 경제적 활동을 이어나갈 수밖에 없는 처지에 있다. 게다가 돈과 권력을 향한 욕망도 끊이지 않아 기후위기를 뻔히 바라다보면서도 전쟁을 일삼고 있다.

이런 상황에서 벗어날 해법은 도저히 없는 것처럼 보인다. 기후 온난화의 위기를 극복하고 세계적 평화를 이룩하는 길은 요원한 것 같다. 그러나 그런 길을 찾으려고 노력하지 않는다면 우리는 가만히 앉아서 비참한 운명을 맞이하게 될지도 모른다.

우리는 기후 온난화를 저지하기 위해 당장 온실가스 감축을 위

---

1 기후 온난화는 단순한 환경문제를 넘어서 정치 · 경제적 문제를 야기한다. 기후 온난화는 "단순히 폭염과 가뭄, 태풍과 홍수, 해수면 상승으로 인한 환경 난민의 문제뿐 아니라 석유와 식량, 식수를 확보하기 위한 지역적 갈등과 전쟁의 원인이 된다."(조천호, 『파란 하늘, 빨간 지구』, 동아시아, 2019, p.144)

생태적 변증법

한 국제적 노력을 기울이고 있다. 그리고 세계적 평화를 위해서는 평화를 위한 국제적인 노력도 기울이고 있다. 그렇지만 이러한 노력만으로는 지금의 위기를 극복하기에는 충분하지 않다.

서양문명은 그 한계로 말미암아 전환되어야 할 것이다. 왜냐하면, 핵전쟁의 위험이나 기후 온난화의 위기는 다 같이 서양문명에 함축된 위기이기 때문이다. 그리하여 서양문명의 생태적 전환이 요긴할 것이다. 그렇다면 우리가 오랫동안 고수했던 이성적 변증법도 생태적 변증법으로 전환해야 할 때가 왔다. 물론 이 글이 이러한 전환을 충분히 설명했다고 생각하지는 않지만, 지구상의 생활여건은 그것을 요구하고 있다.

인간이 이성에 의하여 자연을 지배하고 정복함으로써 자연을 이용하고 착취하려는 이성적 변증법은 더 이상 유효하지 않다. 우리는 자연을 이성적으로 지배할 수도 없고 지배해서도 안 된다. 자연의 강압에 맞서는 이성의 시도도 자연의 강압에 못지않은 폭력일 수 있고 자연의 지배와 정복이 초래하는 부작용도 심각할 수 있기 때문이다.

서양문명의 전환은 동양에서 먼저 나온 이야기가 아니다. 그것은 서양에서 먼저 제기되었다. 이미 19세기에 니체가 서양의 기독교 문명은 퇴폐적이고 병들었다고 맹폭하였다. 20세기에 들어 제1·2차 세계대전을 거치면서 서양에서는 서양문명에 대한 회의가 지식인들 사이에 싹트기 시작했다. 그리하여 슈펭글러는 서양문명의 몰락을 예언했으며,[2] 하이데거는 존재 사상에 입각해 노쇠한 서양문명의 전환을 주장했다. 그들과 달리 아도르노와 호르크하이머는 계몽의 변증법을 통해 정면으로 서양문명의 자연지배를 비판하였다. 아마 이것이 프랑크푸르트학파의 가장 중요한 공헌들 가운데 하나일 것이다. 더 나아가 그것이 서양문명의 생태적 전환을 위한 중요한 계기가 될 수 있으리라.

이제 우리는 이성적 변증법을 생태적 변증법으로 바꾸어 서양의 문명을 생태적으로 전환할 때가 되었다. 그리하여 지구의 생태계와 우리의 평화적 생존을 위해 자연의 설법을 귀 기울여 듣고 겸손하게 따라야 한다.

---

2  독일의 작가 슈펭글러는 서양에서 처음으로 서구의 몰락을 철학적인 주제로 인식하였다. "서구의 몰락은 … 공간적으로나 시간적으로 범위가 한정된 현상이지만, 하나의 철학적인 주제이기도 하다. 이 주제는 … 존재의 거대한 모든 문제를 그 안에 포함하게 된다."(오스발트 슈펭글러, 『서구의 몰락』, 양해림 옮김, 책세상, 2008, p.26.)

생태적 변증법

# · 참고문헌 ·

加藤尙武 外, 『ヘーゲル事典』, 弘文堂, 1992.

김석진 감수, 『주역전의대전』, 대유학당, 1996.

데카르트, 르네, 『방법서설』, 최명관 옮김, 창, 2010.

딜스 편, 『소크라테스 이전 철학자들의 단편 선집』, 김인곤 외 역, 아카넷, 2005.

메이비, 쥴리, 『헤겔의 변증법』, 김동욱 외 번역, 전기가오리, 2017.

배럿, 리사 펠드먼, 『이토록 뜻밖의 과학』, 변지영 옮김, 더퀘스트, 2021.

마르크스, 『자본론 I[上]』, 김수행 역, 비봉출판사, 1999.

베이컨, 프란시스, 『신기관』, 진석용 옮김, 한길사, 2007.

슈펭글러, 오스발트, 『서구의 몰락』, 양해림 옮김, 책세상, 2008.

아도르노, 『부정변증법』, 홍승용 옮김, 한길사, 1999.

아도르노, 『부정변증법 강의』, 김순예 옮김, 세창 출판사, 2012.

아도르노, 『변증법 입문』, 홍승용 옮김, 세창출판사, 2015.

아도르노 & 호르크하이머, 『계몽의 변증법』, 김유동 옮김, 문학과 지성사, 2001.

양력, 『주역과 중국 의학』, 홍원식, 김충열 옮김, 법인문화사, 1993.

조천호, 『파란 하늘 빨간 지구』, 동아시아, 2019.

조홍길, 『기술과 만남』, 한국학술정보, 2020.

조홍길, 『헤겔, 역과 화엄을 만나다』, 한국학술정보, 2013.

조홍길, 『용과 호랑이의 철학』, 한구학술정보, 2023.

풍우란, 『중국철학사』, 정인재 역, 형설출판사, 1977.

헤겔, 『정신현상학』, 임석진 옮김, 한길사, 2005.

헤겔, 『역사 속의 이성』, 임석진 옮김, 지식산업사, 1992.

헤겔, 『철학사 I』, 임석진 역, 지식산업사, 1996.

호네트, 악셀, 『정의의 타자』, 문성훈 외 옮김, 나남, 2009.

홍원식 역, 『황제내경소문』, 전통문화연구회, 2003.

Hoffmeister, J., *Wörterbuch der Philosophischen Begriffe*, Felix Meiner Verlag, 1955.

Hegel, G.W.F., *System der Philosophie. Erster Teil. Die Logik*, Friedrich Fromman Verlag, 1964.

Hegel, G.W.F., *Wissenschaft der Logik*, Felix Meiner Verlag, 1975.

Hegel, G.W.F., *Wissenschaft der Logik. Das Sein*(1812), Felix Meiner Verlag, 1986.

Lukács, G., *Geschichte und Klassenbewußtsein*, Luchterhand Verlag, 1977.

Röd, W., *Diaektische Philosophie der Neuzeit* 1, Verlag C.H. Beck, 1974.

Williams, H., *Hegel, Heraclitus and Marx's Dialectic*, Harvester Wheatsheaf, 1989.

# 생태적 변증법

초판인쇄 2023년 12월 4일
초판발행 2023년 12월 4일

지은이 조홍길
펴낸이 채종준
펴낸곳 한국학술정보(주)
주 소 경기도 파주시 회동길 230(문발동)
전 화 031-908-3181(대표)
팩 스 031-908-3189
홈페이지 http://ebook.kstudy.com
E-mail 출판사업부 publish@kstudy.com
등 록 제일산-115호(2000. 6. 19)

ISBN 979-11-6983-845-0 93100